科学开窍了！

藏在衣食住行里的
科 学

食

歪歪兔童书馆 编绘

海豚出版社
DOLPHIN BOOKS
CICG 中国国际传播集团

2

目录

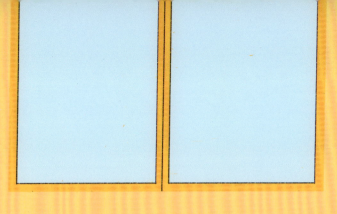

本书由中国农业大学食品科学与营养工程学院副教授
程楠老师审定，特此致谢！

美好的一天从一杯牛奶开始

一杯牛奶的诞生

如果我们大家都不喝奶，奶牛就要失业了呀。

为什么大人总是催着小孩子喝牛奶？

1 奶牛吃吃吃。

一般一头成年奶牛每天吃下的食物重量约为 30 千克，相当于一个壮壮的 8 岁小朋友的体重！

奶牛的食物有：
干草、秸秆等粗饲料；牧草、蔬菜等青绿饲料；玉米、小麦等能量饲料；一些豆类等蛋白质和矿物质饲料。

2 奶牛一共有四个胃——瘤胃、网胃、重瓣胃和皱胃。

奶牛吃下饲料，经过四个胃消化后，进入小肠肠道，营养物质被分解，变成牛奶半成品。

牛奶半成品经过血液运输到乳腺，在乳腺上皮细胞合成牛奶，分泌出来。

网胃

重瓣胃   皱胃   瘤胃

3 用机器把牛奶挤出来，收集到一起。产奶期的奶牛一般每天要挤奶 3~4 次。

4

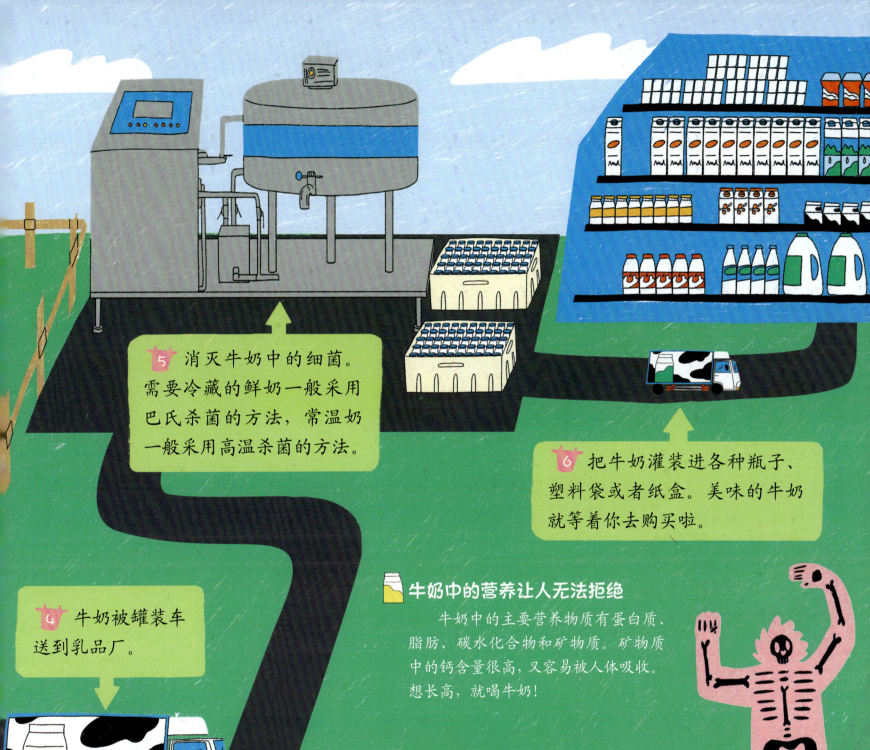

5 消灭牛奶中的细菌。需要冷藏的鲜奶一般采用巴氏杀菌的方法，常温奶一般采用高温杀菌的方法。

6 把牛奶灌装进各种瓶子、塑料袋或者纸盒。美味的牛奶就等着你去购买啦。

4 牛奶被罐装车送到乳品厂。

牛奶中的营养让人无法拒绝

牛奶中的主要营养物质有蛋白质、脂肪、碳水化合物和矿物质。矿物质中的钙含量很高，又容易被人体吸收。想长高，就喝牛奶！

加热的牛奶上为什么会有一层奶皮？

牛奶加热超过一定温度时，牛奶中的脂肪就会带着蛋白质一起聚集到牛奶表面，冷却后就凝结成"奶皮"啦！

5

酸奶与奶酪

哎呀，这牛奶怎么酸了？不过味道倒是不错。

这是在牛奶里面加入了"神秘物质"做成的酸奶。还有带酸味的奶酪，要不要尝尝？

制作一杯酸奶仅需3步！

1　在牛奶中加入一小包酸奶菌粉搅拌。1升牛奶大概加入1克的酸奶菌粉。注意，一定要用干净的筷子进行搅拌哟。

2　放入酸奶机，等待6～10个小时。

3　酸奶做好啦！这时候的酸奶特别特别酸，可以加入蜂蜜、水果、坚果等，让味道好一点儿。

酸奶机里，你看不到的牛奶世界里发生了什么？

牛奶被乳酸菌粉中的乳酸菌"感染"后，内部的乳糖成分变成了乳酸，这样牛奶就变酸了。

在酸性条件下，牛奶中的乳酪蛋白会慢慢凝结，牛奶会变稠。所以，我们喝到的酸奶都是黏稠的。

"黄金"奶制品——奶酪

牛奶经过乳酸菌发酵后，再加入凝乳酶，就凝固了。然后去除乳清，最后制成的浓缩奶制品就是奶酪。

奶酪去除了牛奶中大量的水分，保留了其中最有营养的部分——丰富的蛋白质、钙、脂肪、磷和维生素等，所以被人们称为奶制品中的"黄金"。

奶酪品种有很多，比如鲜奶酪、奶油奶酪等。因所用的奶和菌类不同，发酵的时间长短不同，加工方式不同……便形成了各种奶酪独特的口感。

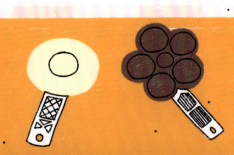

从可可树到巧克力工厂

1 这是可可树，可可树上成熟的可可果是制作巧克力的主要原材料。

2 打开一个可可果，能看见白色的果肉，果肉里面包裹着可可豆。

3 把可可豆放进桶里发酵。

4 发酵五六天后，包裹可可豆的果肉变成液体，可可豆慢慢变成棕色。

把可可豆拿出来洗一洗，然后自然晾晒 7~10 天。这个时候可可豆含水量极低，不容易腐烂。

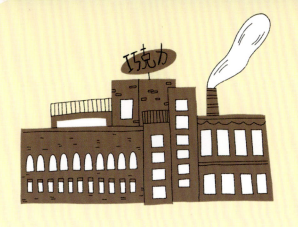

5 　干燥后的可可豆被送往巧克力工厂。先去除里面的杂质和坏豆，然后放进烤箱烘烤。

6 　把烘烤完的可可豆放进机器进行破碎处理。外壳被机器中的真空装置吸走，剩下的是新鲜的碎可可仁。碎可可仁里含有油脂，在高温下研磨，会变成液体，就是苦苦的可可原浆。

7 　把可可原浆进一步过滤，分离出可可脂。制作巧克力类食品都要用到可可脂。把可可脂、糖、奶等配料混合，加热、研磨、搅拌，变成浓稠的巧克力浆。

8 　把调配好的巧克力浆注入模具内，送入冷却隧道，变硬。好吃的巧克力就制作完成了！

巧克力虽然美味，可不能多吃哟

　　纯的黑巧克力味道很苦，并不好吃，只能往里面加很多糖、牛奶……让它变得美味。

　　那种甜甜的白巧克力，严格意义上并不算是巧克力，里面大多不含可可，都是牛奶和糖。

　　吃多了糖容易造成龋齿、肥胖。所以美味的巧克力不能多吃呀。

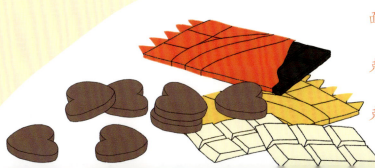

9

甜蜜蜜

蜂蜜蛋糕好甜呀，真好吃！

那当然，你能吃到甜甜的蜂蜜蛋糕，要感谢蜜蜂。

1 蜜蜂在采蜜前会派出"侦察蜂"去寻找花蜜。

来，先整理一下触角。

2 "侦察蜂"发现了花蜜之后，会跳"8字舞"或"圆圈舞"，告诉"采集蜂"们蜜源的方向和距离。

蜜蜂开工啦

蜜囊内的花蜜是我体重的一半，我可真是名副其实的大力士！

5 "采集蜂"把花蜜交给"内勤蜂"。"内勤蜂"负责酿蜜，它们把唾液腺分泌的转化酶与花蜜混合，然后酿成蜂蜜。

养蜂人开工啦

人类很早就发现了蜂蜜，后来慢慢琢磨出饲养蜜蜂和收集蜂蜜的方法，于是有了养蜂人。

1 养蜂人取出蜂箱中的蜂架，割掉蜂胶。

3 "采集蜂"找到目标花朵，把自己的小脑袋探到花蜜处，用自己毛刷一样的口器吸取花蜜。

4 蜜蜂把采到的花蜜储存在自己的蜜囊中，运送回蜂巢。

人类是怎么发现蜂蜜的？

一些原始人观察到，总有一些野生动物从树洞、岩穴中找到蜂巢后吃掉。这些动物吃完蜂巢之后并没有中毒或者生病。于是，人类推测这个东西可以吃，就去找来试一试。

蜂蜜的主要成分是糖，糖分占到蜂蜜的 80% 以上，所以很甜。

哇！真的很甜，很好吃，好开心。难怪人们会用"甜蜜蜜"这个词来形容幸福的感觉。

你知道吗？蜜蜂每采集一次花蜜需要 20～40 分钟，花蜜旺盛的时候一天要出去采集 20 多次。

2 把蜂架放进摇桶中，快速转动摇桶，蜂蜜就都被甩出来了。

3 过滤掉摇桶中蜂蜜的杂质后，把干净的蜂蜜装罐。

哈哈，我裹得这么严实，你们肯定蜇不到我。

完工！

11

坚果家族

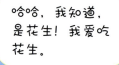

哈哈，我知道，是花生！我爱吃花生。

猜谜语啦！麻屋子，红帐子，里面住着个白胖子。打一种坚果。

坚果大展台

超好"嗑"的瓜子

我们经常嗑的葵瓜子来自向日葵，西瓜子和南瓜子则是西瓜和南瓜的种子。你知道吗？嗑瓜子可以助消化。因为瓜子的香味不断刺激着味蕾，这种兴奋的反应传达给大脑，大脑会"指挥"口腔分泌出唾液，帮助人们消化食物。

随随便便起个名——腰果

这种坚果，因为和人的肾脏（即腰子）长得像，就有了"腰果"这个名字。腰果长在高高的大树上，果实长成两个部分，上半部是长得像苹果一样的假果，也很好吃。我们平时吃的"坚果腰果"就长在"苹果腰果"的下面。

腰果在蛋白质含量、含油量和维生素含量等方面表现很出众。

长寿果——花生

花生的果实长在地下。

花生营养丰富，含有蛋白质、脂肪、维生素、卵磷脂……所以你会在抵挡饥饿的"能量棒"里发现花生的身影。用花生做的花生酱与面包是绝配哟。

请叫我花长寿！

坚果也能制成奶？

你有没有喝过用坚果制成的植物奶？如核桃奶、花生奶、杏仁奶……

其实，植物奶并不是奶，而是用含蛋白质和脂肪的植物种子或果实，比如核桃、花生、杏仁、椰子……制成的饮品。植物奶含有丰富的维生素、膳食纤维和矿物质。

开开心心吃开心果

开心果在成熟时，果壳会裂开，看起来就像在咧嘴笑，因此有了"开心果"这个名字。开心果的脂肪和热量比较低，纤维含量却很高，可以多吃一点哟。

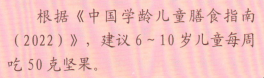

根据《中国学龄儿童膳食指南（2022）》，建议 6～10 岁儿童每周吃 50 克坚果。

注意！不要喂小宝宝吃坚果，因为一旦卡住喉咙或气管会很危险！有些人对某些坚果过敏，也不能吃。

碳酸饮料大揭秘

这些气泡其实是一种叫作二氧化碳的气体，你喝的饮料叫碳酸饮料。

嗝——橘子汽水里面有好多气泡啊，喝一口我就要打一个嗝。

碳酸饮料是怎么制成的？

二氧化碳　　水　　碳酸

1 在高压环境下，向液体饮料中充入大量二氧化碳气体，就能制成碳酸饮料。

二氧化碳能够溶于水，其中有一部分还能和水结合变成碳酸，这也是"碳酸饮料"名字的由来。

2 在碳酸水里加入白糖、柠檬酸、食用香精和色素等添加剂，就可以制成一瓶可口的饮料。所以，超市里很多橘子汽水多半是不含橘子汁的。

3 碳酸在振动时非常容易分解成水和二氧化碳，所以摇一摇或者打开瓶盖的瞬间会产生气泡。

想喝汽水？看这里！

碳酸饮料的主要成分除了水以外，其次是糖、色素、香精等，喝汽水除了摄入糖，没有任何营养。糖能提供一定能量，但是摄入多了容易产生蛀牙和长胖。

碳酸饮料喝起来很爽，但千万不能多喝！喝多了容易胃胀，影响食欲。

喝太多碳酸饮料还会影响身体对钙质的吸收，导致缺钙。

4 记住，千万不要使劲儿摇晃碳酸饮料瓶！大幅度的振动会让更多的二氧化碳从水中分解，它们会连带着一部分饮料，一起"喷射"出来。

这是我用茶叶泡的茶。

哇！您喝的是什么饮料，闻起来香味好特别呀！

从树叶到茶叶

茶的历史很悠久，公元前 2 世纪，西汉的司马相如所著的《凡将篇》就有茶的身影了。

看看智慧的古人是如何把一种树叶变成"神仙饮品"的吧。

采摘的茶叶分为独芽、一芽一叶、一芽两叶。同一种茶叶，因为叶子数量的不同，口感也会有差别。

1 采茶。

把茶树的嫩叶采摘下来。一定要采摘最新鲜的嫩叶哟。茶树的叶子在树上叫生叶，采下的叫鲜叶。

人工采茶的时候不能用指甲掐嫩芽叶，要轻轻地提下来，避免对鲜叶的损伤。鲜叶好不好直接影响茶的好坏。人们还发明了好用的机器来采茶，效果又快又好。

小朋友不要喝茶哟

茶叶中含有咖啡碱和茶氨酸。

咖啡碱具有提神的功能，茶氨酸则是"天然的镇静剂"。咖啡碱和茶氨酸搭配起来，让人能够在提神的同时集中注意力。

茶叶中的咖啡碱容易刺激小朋友正在发育的神经系统，茶氨酸等物质还会影响铁、锌、镁等微量元素的吸收。所以，小朋友还是不要喝茶比较好。

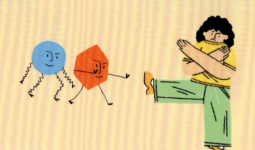

2 杀青。

把采摘下来的茶叶放到一口超级大的锅中炒制。高温可以破坏鲜茶叶中的氧化酶活性，这样茶叶中的有益成分——茶多酚就不会氧化掉。

这个过程中还会蒸发掉茶叶里的部分水分，让茶叶更加柔软，气味更香。

3 揉捻茶叶。

揉，把茶叶揉成条；捻，把茶汁挤出来，让茶叶变小，卷起来。

4 干燥。

进一步把茶叶炒干或者晒干，去除茶叶中的水分，茶叶就变得更加香味扑鼻了。

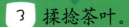
茶叶分为很多种，有白茶、黄茶、绿茶、红茶、黑茶、青茶等。不同种类的茶，采摘的时间和制作工艺都有所不同，上面为绿茶的主要制茶步骤。

17

鸡蛋滚滚来

一枚鸡蛋的成长

鸡蛋在鸡妈妈的肚子里，可是有步骤、分批次、一点一点长成的！

1 鸡蛋最开始只是一个卵细胞。卵细胞在母鸡的卵巢中吸收营养，一点一点长大成蛋黄。

2 长好了的蛋黄经过输卵管喇叭部，来到蛋白分泌部，裹上蛋清。

3 蛋黄和蛋清在输卵管峡部长出内外蛋白膜。

4 接着，在子宫里生长出蛋壳。

喇叭部

卵巢

蛋白分泌部

峡部

输卵管末端

子宫

所有的鸡蛋都能孵出小鸡吗?

我们平时吃的鸡蛋都是没有受精的,它们不会孵出小鸡。

能够孵出小鸡的鸡蛋都是受过精的鸡蛋。

在黑暗的房间里,打开手电筒,把鸡蛋对着光源看,里面有黑影的很可能就是受精的鸡蛋,否则就是未受精的鸡蛋。

> 我没有受精,你们可以吃我。

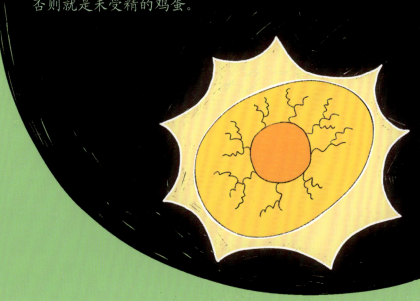

蛋壳　蛋白　胚盘
蛋黄系带
蛋黄
蛋黄膜
外层蛋壳膜　内层蛋壳膜
气室

泄殖腔

5 经过输卵管末端,蛋壳上出现颜色和斑点。然后鸡蛋就被母鸡生出来啦!

一枚鸡蛋里含有很多我们人体必需的营养——蛋白质、卵磷脂、脂肪、氨基酸……
记得每天吃一个鸡蛋哟。

有的鸡蛋里面有两个或者三个蛋黄,是因为鸡妈妈身体里有两个或者三个卵细胞同时在输卵管里相遇,然后长在了一起。

19

面团变大、变大、变大

哇！快来看，刚才放进锅里的小面团，现在长大了……

哈哈！这是因为面团里面加入了"秘密配方"。

面团发起来啦！

1 面团会蓬松变大，和一种叫作酵母的东西有关。

酵母是一种真菌，是微生物的一种，而且是可以食用的微生物。

我就是酵母！

2 揉面时，在面粉中加入酵母粉。

3 把面团放到暖和的地方。

在一定温度下，酵母会将面粉中的淀粉转化为糖，又将这些糖转化为酒精，并产生二氧化碳。

4 这些二氧化碳小气泡让面团变大。

☀ 列文虎克的伟大发现

人类很早就知道，煮熟的谷物存放后可以得到酒，但人们并不知道这是酵母的作用。

直到 17 世纪，科学家列文虎克发明了显微镜。他在显微镜下发现了很多神奇的生命体，比如从一滴啤酒中发现了酵母。他赶紧画出了酵母的结构图。

不得了！快看看我发现了什么！

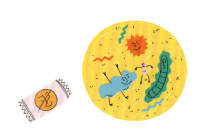

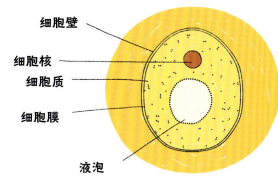

细胞壁
细胞核
细胞质
细胞膜
液泡

酵母菌结构图

显微镜是一种能放大微小物体的仪器，它能把那些我们肉眼看不到的细菌放大到一颗糖果那么大！

5 如果放大看的话，面团里的形状就像蜂窝，这些小孔正是二氧化碳气泡留下的痕迹。

二氧化碳是一种气体，遇热会膨胀、变大。蒸馒头时的高温让二氧化碳气体膨胀，面团就再一次变大，变成蓬松的大馒头啦。

等等！刚才说面团里会产生酒精？

已经蒸好的馒头中是不含酒精的，因为蒸馒头时的高温会使酒精蒸发掉，不用担心哟。

从黄豆到豆腐

豆腐是个伟大的发明

　　相传，豆腐是西汉时淮南王刘安发明的。直到现在，每年的 9 月 15 日，淮南地区还有祭拜豆腐始祖刘安的传统，这天也被称为"豆腐节"。

　　来看看豆腐的制作方法吧！

1 用清水浸泡黄豆，等一粒黄豆涨到两粒那么大就可以了。

2 磨豆子，一边磨一边加入适量的水，生豆浆就这样磨出来啦。

3 把过滤后的生豆浆煮沸，这时锅内的液体表面会产生很多泡沫，把浮在上面的泡沫舀出来，然后小火慢煮……

4 把石膏液或卤水倒进热豆浆中，搅拌搅拌，豆浆凝固，我们管它叫"豆腐脑"。这一步叫"点膏"。

豆腐的制作工艺不同，可制成不同口味的豆腐。

用石膏作为凝固剂，也就是石膏点的豆腐，是南豆腐。南豆腐又软又嫩，也叫"嫩豆腐"。

用酸浆水或卤水点的豆腐，是北豆腐。北豆腐会稍微干一点、硬一点，没有南豆腐那么水嫩，也被叫作"老豆腐"。

南北豆腐大 PK

5 把豆腐脑装进小木箱，再在上面放上重物进行压制。最后，白白嫩嫩的豆腐就制作完成啦！

不只有豆腐

大豆中的蛋白质含量占比高达 36% ~ 40%，被称作"植物肉"。除了豆腐，人们还用大豆做出了很多好吃的豆制品。

据说，豆制品吃多了容易肚子胀气放屁？

豆腐丝

油豆皮

豆干

豆泡

臭豆腐

腐乳

豆浆

为什么不能多吃炸鸡？

真香！有了炸鸡，别的我都可以不吃了。

炸鸡里面含有不少反式脂肪酸，可不能多吃。

反式脂肪酸不是个好东西

脂肪是人体必需的营养，脂肪里面含有脂肪酸。反式脂肪酸是脂肪酸的一种，但它是一个大大的"反派"。

如果摄入过量的反式脂肪酸——容易变肥胖，容易诱发心血管疾病、糖尿病、脂肪肝等疾病，容易患老年痴呆症……

变肥胖

患老年痴呆症

诱发心血管疾病

正常情况下，脂肪中的反式脂肪酸含量非常少。但是，在某些条件下，脂肪中的反式脂肪酸分子会变多。

高温加热植物油制作食物。

长时间高温加热植物油容易产生反式脂肪酸。因为植物油中含有大量的不饱和脂肪酸，经过高温加热会产生反式脂肪酸。

所以，小朋友爱吃的酥脆炸鸡腿、薯条、炸鸡排、油条等，很可能会含有较多的反式脂肪酸。

🍗 氢化植物油制作的食物。

有一种氢化植物油，抗氧化稳定性好、容易储存、成本低，会被人们用来制作一些糕点，如冰激凌、奶油蛋糕、蛋挞等。氢化植物油是用普通植物油在一定的温度和压力下加入"氢"催化而成。在这个过程中，植物油如果不完全氢化，就会产生反式脂肪酸。

寻找反式脂肪酸

为了身体健康，我们要减少反式脂肪酸的摄入。但反式脂肪酸非常"狡猾"，它经常换一个名字出现在大家的视野中。

我们来看看它都藏在哪些名字里，一定要仔细看配料表，不能过多摄入反式脂肪酸。

氢化植物油

 植物奶油

人造黄油

起酥油

代可可脂

△ 咸咸的盐

呀呀呀——好咸啊！海水里面是放盐了吗？

快漱个口吧，海水里的确有盐，只是这盐不能直接拿来炒菜！

🧂 盐，从海洋到厨房

地球上很多地方都有盐的存在，比如海洋、湖泊、矿井等，不过盐最多的地方还是海洋。

怎么把大自然中的盐变成厨房里的盐呢？来看看流传了近千年的古老制盐法吧！

1 纳潮。将海水引到盐田中。

2 制卤。利用日晒、海风和一些技术让海水中的水分蒸发，直到海水中的氯化钠与水分达到饱和，这时海水就变成了"卤水"。氯化钠是盐的主要成分。

3 结晶。将卤水转移到结晶池中，继续蒸发、浓缩，晶体会逐渐从卤水中析出。工人需要用绳子搅动卤水，让卤水中的盐更加均匀细腻。

4 收盐。盐结晶好了之后，利用人工或机械将盐收起，堆成坨。

5 整滩。在海水长时间的浸泡下，池底的泥土会出现松软和空隙，需要进行整理。

海水里的盐又是从哪里来的？

最早海水可能是不咸的。经过一次又一次的地壳运动，岩石和土壤中的盐分一次次被海水冲刷，日积月累，海水中的含盐量不断升高，就变成现在这样咸咸的了。

这些盐属于粗盐，它们还需要在工厂里进行加工才能变成我们平时吃的食用盐。

海水煮盐是怎么被发现的？

传说，发明海水煮盐的是山东半岛上一个古老的部族——夙沙氏。

有一天，部落首领夙沙从海里打了半罐水放到火上煮。突然，一头野猪从眼前飞奔而过，夙沙拔腿就去猎野猪，等他回来时，罐里的水已经熬干了，底部留下一层白白的细末。他用手指蘸了一点尝尝，又咸又鲜。盐就这样被人类发现了。

食用盐中含有的钠和碘是人体不可或缺的微量元素，但摄入盐不能过量，否则对身体有害。
3~6岁的儿童每天食盐摄入量在2~3克，成年人每天食盐摄入量不超过5克。

食物变质了

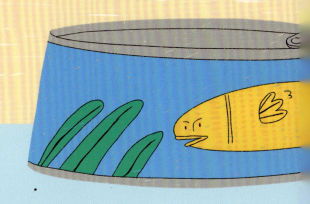

哎呀！千万别喝，苹果奶昔变质了。

我昨天做的苹果奶昔怎么味道怪怪的？酸酸的……

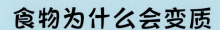

食物为什么会变质

1 食物有保质期，就是说食物在一定的时间内是可以吃的，过了这个期限就很可能坏掉。

2 让食物变质的原因有很多，最主要的还是微生物在作怪。

我们周围一直都有微生物的存在，只是我们肉眼看不见而已。有些微生物是人类的好帮手，比如，酸奶里的益生菌有益身体健康，但有些微生物则是大大的"破坏分子"。

3 这些微生物一旦遇到合适的温度、湿度，就会不断繁殖。为了满足生长需要，它们会分解食物里面的蛋白质、糖和脂肪等，一些分解后的物质会释放出怪味。

怎样判断食物是不是变质了?

如果食物有完整的外包装,最简单的方法就是看外包装的保质期。食物需要在保质期结束前吃掉。

生产日期:2022年8月6日

保质期:12个月

如果食物上有红色、黄色、绿色、褐色、黑色等颜色的斑点,那这些食物很有可能变质了。

你要在 2023 年 8 月 6 日之前吃掉这袋薯片哟。

闻气味。如果你在食物中闻到苦涩、酸臭、发霉的气味,它很有可能就是变质了!

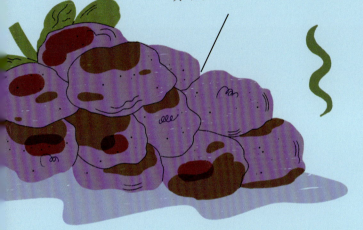

4 变质的食物不仅气味、口感和颜色会发生变化,还会产生致病菌,危害人体的健康。所以,对变质的食物一定要警惕再警惕。

29

防止食物变质

食物这么容易变质，怎样才能让食物保存得更久一点儿呢？

有不少方法呢。

防腐小诀窍

防止食物变质，主要就是抑制微生物的生长和繁殖。

1 腌制法。

导致食物变质的"凶手"——微生物非常喜欢水。只要有水，它们就繁殖得特别快。糖和盐能吸收水分，所以人们用糖或盐来腌制食物，减缓微生物的生长，防止食物变质。

咸菜就是通过加入大量的盐进行腌制来达到防腐的目的。在没有冰箱的年代，这可是一项伟大的发明。

芥菜疙瘩咸菜

腌萝卜条

腌黄瓜

② 烟熏法。

人们也会通过"烟熏"来防止食物变质。熏烟中含有某些酚类物质，可以抑制微生物繁殖，防止食物腐烂。人们制作熏肉，烟熏之前会用盐腌制一下，这样双管齐下更放心。

腌制类的食物吃起来有特别的风味，很多人喜欢吃。但是腌制食物里含有亚硝酸盐，摄入多了对身体有害，还是新鲜的食物更健康。

③ 高温法与低温法。

低温可降低食品微生物的活性，抑制微生物生长，减缓变质。比如，把食物放进冰箱。

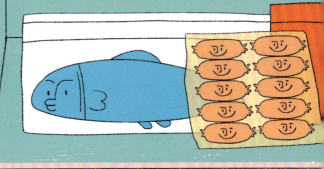

除了降温，"升温"也是一种方法呢！比如，高温灭菌的牛奶就是用高温杀死生牛乳中的微生物，达到延长保质期的作用。

防腐剂

防腐剂是能抑制微生物活动，防止食品腐败变质的一类食品添加剂。

在你吃的薯片、果酱、糖果、方便面等食物中，都有它的存在。

防腐剂在配料表里叫苯甲酸（苯甲酸钠）、山梨酸（山梨酸钾）……

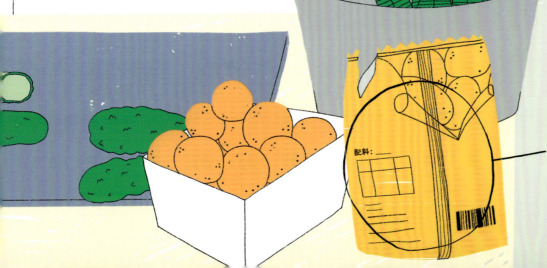

配料：

粒粒皆辛苦

真棒！每一粒大米都是农民伯伯辛苦种下，经过很多人的劳动才来到我们餐桌上的。

锄禾日当午，汗滴禾下土。谁知盘中餐，粒粒皆辛苦。

大米诞生记

1 插秧。每年春天，农民伯伯都要把秧苗插进田里。

2 施肥。秧苗长出第一节稻茎的时候称为分蘖（niè）期，这期间往往需要施肥，让稻苗健壮地成长。

分蘖就是幼苗生长过程中，在地下或近地面的茎部发生分枝，一枝长成了两枝。

幼苗　　　　分蘖

一粒米，小小的身体，大大的能量

大米中含有 75% 左右的碳水化合物，7% ~ 8% 的蛋白质，1.5% 左右的脂肪，很有营养哟。

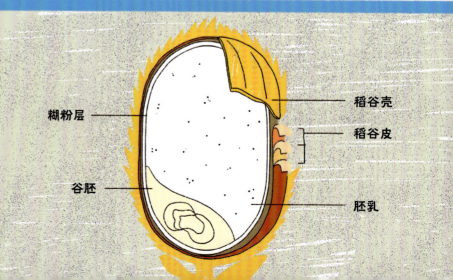

糊粉层

稻谷壳

稻谷皮

谷胚

胚乳

孕穗　　　抽穗

③ 灌排水。沉甸甸的穗要长出来了，加强灌溉，给它们多喝水，它们才能长得快。

⑤ 碾米。把稻谷放进碾米机里，才能收获白白的大米。

④ 收成。当稻穗垂下、稻谷金黄饱满时，就可以开始收割啦。收割机能直接将黄灿灿的稻谷从稻穗上分离出来。

大米真是来之不易，我们一定要节约粮食，不浪费！

不想吃米饭？试试这些吧

大米是人们常吃的基础主食。不过，也有不少别的主食能"当饭吃"。

大家好，我是玉米，我身体里的膳食纤维和维生素含量都很高。

我是红薯，我脂肪低、热量低、膳食纤维含量高，能促进肠胃蠕动，能治便秘哟。

我是土豆。不要看我长相平平无奇，但我含淀粉、蛋白质、脂肪和粗纤维，是营养很全面的主食哟！

橘子全身都是宝

哎呀，橘子瓣上的白丝好难剥干净呀。

其实橘子瓣上的白丝不用剥，可以吃！

橘子全身都是宝！

橘子果肉中含有丰富的维生素C。

橘子皮晒干后会成为"陈皮"，可以用它泡水，用它炖汤，拿来做中药材……

小小的橘核经加工以后，也是一味中药材。

橘叶泡水喝，可以加速肠胃蠕动，有开胃的效果。

橘子瓣上的白丝是什么？

橘子瓣上的小白丝叫作橘络。橘络就像人体的血管一样，在橘子成长过程中，为橘子各个部分输送营养。

单独吃橘络会有一点儿苦，但是和着酸甜可口、柔软多汁的橘瓣一起吃下，别有一番味道。

34

橘生淮南则为橘，生于淮北则为枳

橘子的"老家"在中国，至今有4000多年的种植历史。古时候，人们发现淮南的橘子和淮北的橘子，不管是在长相还是味道上都相差甚远。

淮南的橘子果实比较大，酸酸甜甜的。淮北的橘子被称为"枳"，果实比较小，吃起来味道苦苦的，多用来做药材。人们认为这是因为两地水土不同，导致种出来的橘子也不同。其实并不是这样。橘和枳的种子本身就不一样，种出来的当然不是一种东西。它们都属于芸香科，但橘属于柑橘属，枳属于枸橘属。生长环境不同，并不是它们味道、长相不同的原因。

我叫橘，生长在淮河的南边！

我叫枳，生长在淮河的北边！

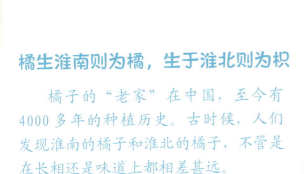

🍊 来，做个橘子罐头吃吧

1 把橘子剥干净，分成一瓣一瓣的。记住，橘络要剥干净哟！

2 在干净的锅里加入橘子瓣、冰糖和清水，加热。

3 煮好以后，放进干净的罐子晾凉，放进冰箱，就可以随时吃啦！

▲营养金字塔

我最爱吃胡萝卜啦，这顿饭我只吃胡萝卜！

那恐怕不行……要想身体健康，需要吃一座"金字塔"食物。

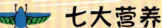 七大营养

1 水：人离不开水，及时、足量地补充水分对身体非常重要！不要用喝饮料代替喝水，饮料里大多添加了糖。

2 碳水化合物：碳水化合物为我们的身体提供能量。米饭、面条、包子等主食都含有碳水化合物。但光吃饭不吃菜是不行的哟，碳水化合物也不能过量吃。

3 蛋白质：蛋白质营养必不可少。牛奶、鸡蛋、各种鱼肉海鲜都含有丰富的蛋白质。

4 维生素：维生素是必须从食物中获得的一类微量有机物质。一般蔬菜和水果中会含有丰富的维生素。

5 脂肪：食物中的糖、油脂等经过消化吸收后，会变成身体中的脂肪，脂肪可以为人体储存、提供能量，但不要摄入过量。

6 矿物质：矿物质也属于微量元素，比如镁、钠、钾、钙、磷等。各种食物里都含有矿物质。

7 膳食纤维：膳食纤维是一种多糖，它既不能被胃肠道消化吸收，也不能产生能量，但能促进胃肠道蠕动，加快食物通过胃肠道，对身体健康有好处。燕麦等全谷类食物、豆类，以及一些蔬菜和水果里都含有膳食纤维。

一日三餐怎么吃

食物中含有各种各样的营养成分，只有合理地搭配食物，不挑食，才能拥有强健的身体。

油：25~30 克
盐：3~5 克
糖：50 克

奶制品类：300 克
豆类及坚果类：25 克以上

畜禽类：40~75 克
鱼虾类：40~75 克
蛋类：40~50 克

蔬菜类：300~500 克
水果类：200~350 克

谷薯类及杂豆：250~400 克

日均饮用水：1500~1700 毫升

每天活动：6000 步

喝水，喝水，快喝水

水是生命之源

喝水，喝水……总是让我喝水，为什么大人总是催着小孩子喝水呀？

因为喝水真的很重要！

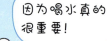

1 水是我们人体的重要组成部分。

流动的血液中含有大量水；大脑、心脏、肌肉，甚至连硬邦邦的骨头里都有水的存在。

这些地方都有我的兄弟姐妹！

2 血液在人的身体里流动，为人体这个大工厂输送营养，同时还能带走身体里的垃圾。

4 砰！如果你撞上了什么，身体里的水能够减少冲击带来的伤害。

3 眼泪和唾液的主要成分是水。眼泪能够润滑眼球，让眼睛不干涩；唾液可以湿润和清洁口腔，还能让食物更方便咽下去。

38

到底每天要喝多少水?

6岁前的孩子,每天要喝600~800毫升的水,加上奶、汤等,水的总摄入量达到1300~1600毫升;

6~10岁的孩子,每天要喝800~1000毫升的水。

不用一次喝完,每次喝一点儿,每天多喝几次。

(根据《中国学龄前儿童膳食指南(2022)》和《中国学龄儿童膳食指南(2022)》中建议的饮水量)

你的身体每天会出汗,会便便,会散失掉很多水分,一定要及时补充水分。

5 水有调节体温的作用。人在发烧的时候可以多喝水,出汗和排尿的时候会带走一些热量,让体温降下来。

发烧时,多喝温水好得更快哟!

果汁中到底含有多少水果?

看,我在超市买的西瓜汁,多少西瓜能做出一瓶西瓜汁呀?

这可不好说,这样的瓶装果汁不一定含有水果!

🧴 真假果汁

1 原果汁和浓缩果汁:用新鲜水果榨出来的、不添加任何东西的果汁是原果汁。去掉原果汁里部分天然水分,把浓度提高2倍以上,就制成了浓缩果汁。

2 水果汁:用原果汁或浓缩果汁加糖、酸味剂等调制而成的果汁是水果汁。水果汁中原果汁的含量不少于40%。

3 果汁饮料:果汁饮料中的原果汁含量就更少了,少于10%。果汁饮料中会添加一些食用色素、酸味剂、甜味剂等。

所以,尽量自己用水果榨汁喝。去超市买瓶装果汁,最好选择纯果汁哟。请看配料表,纯果汁里只有水和果汁。

配料：水、果葡糖浆、白砂糖、浓缩橙汁、食品添加剂（柠檬酸、柠檬酸钠、胡萝卜素）、食用香精、维生素C

怎样选择更健康的饮品？

饮料的包装上都会有配料表，配料中含量越多的，就会越排在前面。

比如左面这瓶饮料，水是第一位的，而橙汁排在很后面，说明它的果汁含量非常少；糖浆、白砂糖分别在第二和第三的位置，说明甜度一定不低。这瓶果汁饮料还是放回货架吧。

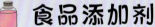 食品添加剂

法律规定了食品制造商应如何安全使用食品添加剂。

我可以让食物的颜色变鲜艳，看起来更加诱人。五颜六色的糖果、饮料、冰激凌、果冻中经常有我的身影。我有很多名字，甜菜红、姜黄素、红花黄、紫胶红……

我能让食品味道酸酸的，还能防止食品变质，很多食品里添加了我。柠檬酸、乳酸、磷酸、苹果酸……都是我的家族成员。

食用色素　食用色素　食用色素　食用色素

酸味剂

甜味剂

加工食品里食品添加剂比较多，不如水果、蔬菜这样的天然食品健康。所以，你现在知道为什么妈妈会把你从超市的零食区拉走了吧？

我能让食品的味道甜甜的，糖精就是我们团队的一员。甜品和饮料里总能看到我的身影。

41

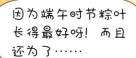

节日美食

为什么要在端午节包粽子呀？

因为端午时节粽叶长得最好呀！而且还为了……

端午节必吃的粽子

粽叶是采摘的天然芦苇叶或箬（ruò）叶，粽叶里放的是糯米。糯米里淀粉含量高，煮熟之后能黏在一起。除了糯米，还要加入别的馅料。

除了味道多样，粽子的造型也不少。比如下面这种细细长长、像笔一样的粽子，叫笔粽。相传明清两代的书生们会吃了它去考场，因为考试"必中"！

俺是北方粽子，俺是甜的！红枣、豆沙甜蜜蜜。

我是南方粽子，我是咸的！咸蛋黄、火腿、排骨、腊肠……咸香味美。

吃粽子还是为了纪念一个人

2000多年前的战国时期，有一位叫屈原的楚国人。他非常爱自己的国家，他向国君提出了让国家变得更好的建议，却被赶走。后来，得知楚国快要灭亡时，屈原伤心极了，在五月初五这天跳入汨罗江，以身殉国。

当地百姓知道后很难过，为了不让江里的大鱼破坏屈原的身体，就用竹筒装米投入江中，引大鱼来吃。后来逐渐形成了端午节包粽子的习俗。

其他节日美食

腊八粥

喝"腊八粥"是腊八节的习俗，食材包括大米、小米、玉米、薏米、红枣、莲子、花生、桂圆和各种豆类。在北方，有"小孩小孩你别馋，过了腊八就是年"的谚语，意味着过了腊八就拉开了过年的序幕。

月饼

月饼是在中秋节吃的。圆圆的月饼象征着一家人团团圆圆、和和美美。月饼的馅儿也有很多种，有枣泥、五仁、红豆、蛋黄、莲蓉等。不过月饼的热量有点儿高，糖分也不少，可不能贪吃哟！

汤圆和元宵

每年的正月十五元宵节，家家户户都会吃一种"圆溜溜"的美食，在南方是汤圆，在北方是元宵。软糯的外皮包裹着可口的馅料，咬上一口，别提有多香了。不过，汤圆很黏，有时候馅料还很热，所以要一小口一小口地吃，避免噎到或烫到。

43

糖——身体能量之源

> 哇！我爱吃糖，我必须得吃点儿糖了……

> 糖对我们的身体很重要。不过，我说的这个糖可不是你看到的这些花花绿绿的糖果。

此糖非彼糖

糖是维持生命活动的主要来源。就是说，我们活着离不开糖。

不过，这个糖和你平时吃的糖果不是同一个东西。

这个糖是一种广泛存在于自然界的化合物，属于化学物质。

> 我缺的不是糖，我缺的是甜蜜的幸福。

> 我是葡萄糖，我很容易被吸收进入血液中，医生把我注射进人体，为人体快速补充能量。

> 我是蔗糖，你吃的白砂糖、冰糖、巧克力糖、棉花糖、棒棒糖……好多好多甜甜的食物里，都有我。

> 我是果糖，人们能在水果和蜂蜜里找到我，我能和葡萄糖结合生成蔗糖。

不让你吃太多糖果是有原因的

吃完糖不及时清理口腔的话，口腔细菌会代谢葡萄糖产生酸，导致牙齿表面的保护层被溶解腐蚀，造成蛀牙。

摄入过多的糖，身体无法充分消耗代谢，会转化成脂肪储藏起来，导致肥胖或心脑血管疾病。

糖类提供给身体的大多是热量，其他营养成分很少。只吃糖容易导致蛋白质、维生素等营养摄入不足，可能会营养不良。

需要吃点儿甜甜的糖来给身体补充糖吗？

不需要。正常吃饭，你的身体是不会缺糖的。

比如，你吃的米饭、馒头含有淀粉，淀粉是多糖，可以在体内分解成单糖。你试试慢慢嚼一嚼馒头，能感觉到甜甜的味道呢。

45

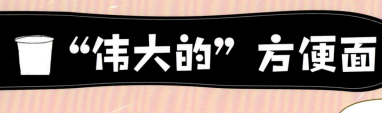

"伟大的" 方便面

方便面的横空出世

1 日本人安藤百福看到很多人为了吃一碗面条在面摊前排长队，于是想发明一种用开水泡泡就能吃的面条。

2 有一次，安藤百福吃了妻子做的天妇罗（一种油炸食品）后，突然有了灵感：把面条用油炸一下，这样面条既可以变熟，又失去了水分，还可以防止变质。

3 安藤百福发明了一种快速过油并且干燥冷却的方法来制作方便面的面饼，叫瞬间热油干燥法。

4 安藤百福又制作出鸡汤浓缩物，再加上味精、盐、醋等调料物来让面条味道鲜美。随后他还不断创新，制作出各种口味的方便面：海鲜风味、牛肉风味、骨汤风味……

方便面好吃，但还是要少吃

方便面是为那些赶时间的、条件不允许烹饪的，以及灾区和长途旅行的人准备的。

处理方便面面饼的棕榈油的主要成分是饱和脂肪酸，饱和脂肪酸易氧化，于是生产商会添加很多抗氧化剂，过量或者长期食用会有害身体健康。

另外，方便面盐分和热量过高，不能满足日常的营养需求，会导致营养不良。

47

另类食物——辣椒

辣椒那么辣，为啥还爱吃？

辣椒吃起来辣，是因为含有辣椒素。辣椒素是一种活性成分，有刺激性，会让人产生像火烧一样的感觉。

你吃了很辣的辣椒，感觉火辣辣的，你的大脑接收到这种感觉，本能地认为被灼伤了，就开始释放一种叫内啡肽的物质，用来止痛。内啡肽能让人产生上瘾的感觉。

48

辣椒的前世今生

据说，辣椒是为了避免哺乳动物吃掉果实和种子，才进化出辣椒素来保护自己。有趣的是，鸟类身体中没有辣椒素受体，感觉不到辣椒素的辣味，而且只吃掉果实而不破坏种子，因此辣椒种子被鸟类传播了出去。更有趣的是，人类并没有被辣椒吓跑，而是喜欢上了它。

3 辣椒素只有在口中才能产生令人愉悦的感觉。如果身体其他部位碰到辣椒素，只会感觉到痛苦，尤其是眼睛。

4 辣椒素容易溶于油脂，不易溶于水，所以人们在吃麻辣火锅时会蘸香油碟。太辣的时候也可以喝杯冷牛奶解辣，因为牛奶中含有脂肪。

辣椒的辣度等级

美国科学家韦伯·史高维尔在 1912 年制定了评判辣椒辣度的方法：将辣椒磨碎后，用糖水稀释，直到察觉不到辣味，这时的稀释倍数就代表了辣椒的辣度。

为纪念史高维尔，人们将这个辣度标准命名为史高维尔指标，而"史高维尔"也就成了辣度的单位。世界上最辣的辣椒，辣度超过普通辣椒 300 倍。

49

太空蔬菜

你知道吗？去过太空的种子就曾经种出过一两百斤的巨型大南瓜！

妈妈，昨天我梦到南瓜马车了，那个南瓜真是个巨型南瓜！

"太空蔬菜"真的是从太空来的吗？

1 把蔬菜的种子运上太空，在太空特殊的环境下，失重、缺氧、宇宙射线……会让种子的内部结构发生突变。

2 带着"基因突变"的种子返回地球，然后进行选种，在地球上精心培育，这就是太空蔬菜。培育太空蔬菜很难，成功率很低。

形形色色的太空蔬菜

我长得更壮！

我不容易生病，味道也更棒！

我更有营养，口感更爽滑！

宇宙射线

基因突变

哎哟——特长都让你们说了，我说啥呀！

太空蔬菜这么好，为啥种得不多？

并不是所有飞去太空的蔬菜种子都能"基因突变"。实际上只有很少一部分回到地球后可以种植，成功的概率是百分之一，甚至千分之一。而且，太空蔬菜经常需要经过几代的育种才行。就拿太空茄子来说，选育稳定的新品种需要4年的努力，所以普及种植太空蔬菜的难度很大。

在太空上能直接种出蔬菜吗？

可以，航天员一直在培育呢。

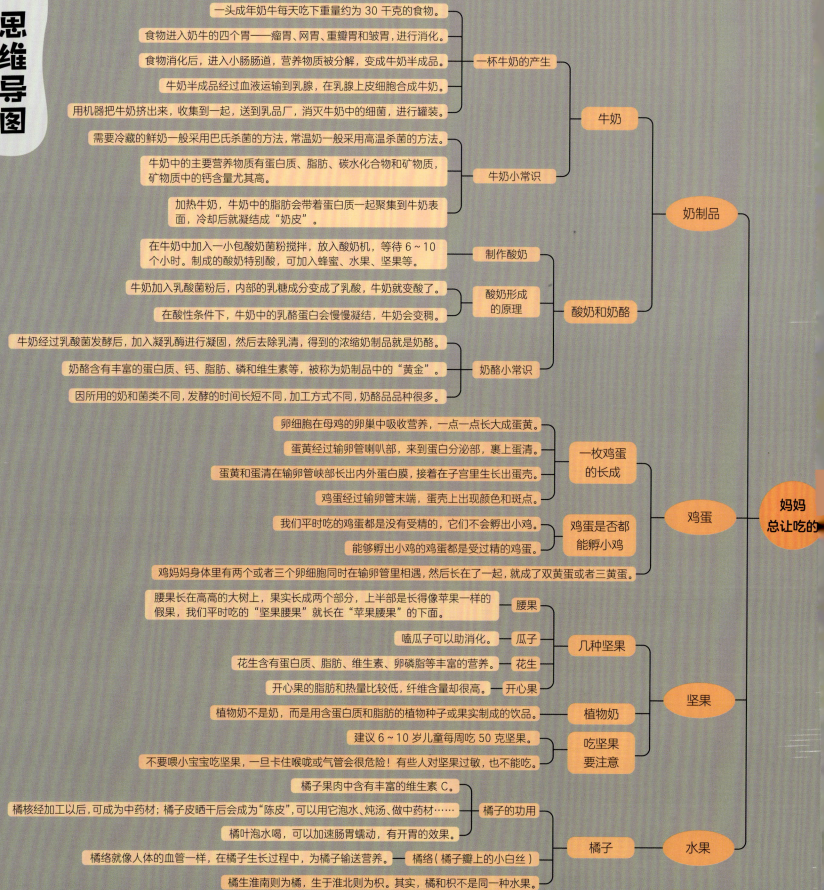

思维导图

妈妈总让吃的

奶制品

牛奶

一杯牛奶的产生
- 一头成年奶牛每天吃下重量约为 30 千克的食物。
- 食物进入奶牛的四个胃——瘤胃、网胃、重瓣胃和皱胃，进行消化。
- 食物消化后，进入小肠肠道，营养物质被分解，变成牛奶半成品。
- 牛奶半成品经过血液运输到乳腺，在乳腺上皮细胞合成牛奶。
- 用机器把牛奶挤出来，收集到一起，送到乳品厂，消灭牛奶中的细菌，进行罐装。

牛奶小常识
- 需要冷藏的鲜奶一般采用巴氏杀菌的方法，常温奶一般采用高温杀菌的方法。
- 牛奶中的主要营养物质有蛋白质、脂肪、碳水化合物和矿物质，矿物质中的钙含量尤其高。
- 加热牛奶，牛奶中的脂肪会带着蛋白质一起聚集到牛奶表面，冷却后就凝结成"奶皮"。

酸奶和奶酪

制作酸奶
- 在牛奶中加入一小包酸奶菌粉搅拌，放入酸奶机，等待 6～10 个小时。制成的酸奶特别酸，可加入蜂蜜、水果、坚果等。

酸奶形成的原理
- 牛奶加入乳酸菌粉后，内部的乳糖成分变成了乳酸，牛奶就变酸了。
- 在酸性条件下，牛奶中的乳酪蛋白会慢慢凝结，牛奶会变稠。

奶酪小常识
- 牛奶经过乳酸菌发酵后，加入凝乳酶进行凝固，然后去除乳清，得到的浓缩奶制品就是奶酪。
- 奶酪含有丰富的蛋白质、钙、脂肪、磷和维生素等，被称为奶制品中的"黄金"。
- 因所用的奶和菌类不同，发酵的时间长短不同，加工方式不同，奶酪品种很多。

鸡蛋

一枚鸡蛋的长成
- 卵细胞在母鸡的卵巢中吸收营养，一点一点长大成蛋黄。
- 蛋黄经过输卵管喇叭部，来到蛋白分泌部，裹上蛋清。
- 蛋黄和蛋清在输卵管峡部长出内外蛋白膜，接着在子宫里生长出蛋壳。
- 鸡蛋经过输卵管末端，蛋壳上出现颜色和斑点。

鸡蛋是否都能孵小鸡
- 我们平时吃的鸡蛋都是没有受精的，它们不会孵出小鸡。
- 能够孵出小鸡的鸡蛋都是受过精的鸡蛋。
- 鸡妈妈身体里有两个或者三个卵细胞同时在输卵管里相遇，然后长在了一起，就成了双黄蛋或者三黄蛋。

坚果

几种坚果
- 腰果：腰果长在高高的大树上，果实长成两个部分，上半部是长得像苹果一样的假果，我们平时吃的"坚果腰果"就长在"苹果腰果"的下面。
- 瓜子：嗑瓜子可以助消化。
- 花生：花生含有蛋白质、脂肪、维生素、卵磷脂等丰富的营养。
- 开心果：开心果的脂肪和热量比较低，纤维含量却很高。

植物奶
- 植物奶不是奶，而是用含有蛋白质和脂肪的植物种子或果实制成的饮品。

吃坚果要注意
- 建议 6～10 岁儿童每周吃 50 克坚果。
- 不要喂小宝宝吃坚果，一旦卡住喉咙或气管会很危险！有些人对坚果过敏，也不能吃。

水果

橘子

橘子的功用
- 橘子果肉中含有丰富的维生素 C。
- 橘核经加工以后，可成为中药材；橘子皮晒干后会成为"陈皮"，可以用它泡水、炖汤、做中药材……
- 橘叶泡水喝，可以加速肠胃蠕动，有开胃的效果。

橘络（橘子瓣上的小白丝）
- 橘络就像人体的血管一样，在橘子生长过程中，为橘子输送营养。
- 橘生淮南则为橘，生于淮北则为枳。其实，橘和枳不是同一种水果。

食❶

妈妈总不让吃的

巧克力
- 巧克力制作过程
  - 发酵可可豆，五六天后，再把可可豆拿出来洗一洗，然后自然晾晒 7 ~ 10 天。
  - 在巧克力工厂里烘烤可可豆，然后把烘烤的可可豆进行破碎处理，后在高温下研磨，变成可可原浆。
  - 把可可原浆进一步过滤，分离出可可脂；把可可脂、糖、奶等配料混合，加热、研磨、搅拌，变成浓稠的巧克力浆。
  - 把调配好的巧克力浆注入模具内，送入冷却隧道，变硬。
- 巧克力不能多吃
  - 纯的黑巧克力味道很苦，里面会被加入很多的糖，糖摄入过量不好。
  - 白巧克力里面大多不含可可，而是牛奶和糖。

碳酸饮料
- 碳酸饮料原理
  - 在高压环境下，向液体饮料中充入大量二氧化碳气体。二氧化碳能够溶于水，还能和水结合变成碳酸。
  - 碳酸振动时非常容易分解成水和二氧化碳，摇一摇或者打开瓶盖的瞬间会产生气泡。
- 碳酸饮料不能多喝
  - 碳酸饮料的主要成分除了水以外，其次是糖、色素和香精……碳酸饮料没有营养。
  - 喝太多碳酸饮料会影响钙吸收。

真假果汁
- 果汁分类
  - 原果汁：用新鲜水果榨出来的、不添加任何东西的果汁是原果汁。
  - 浓缩果汁：去掉原果汁里部分天然水分，把浓度提高 2 倍以上，就制成了浓缩果汁。
  - 水果汁：用原果汁或浓缩果汁加糖、酸味剂等调制而成的果汁是水果汁，水果汁中原果汁的含量不少于 40%。
  - 果汁饮料：果汁饮料中的原果汁含量少于 10%，会添加食用色素、酸味剂、甜味剂等。
- 食品添加剂
  - 食用色素、甜味剂、酸味剂。
- 配料表
  - 配料中含量越多的，就会越排在前面。

炸鸡
- 反式脂肪酸
  - 反式脂肪酸是脂肪酸的一种，摄入过量的反式脂肪酸会危害身体健康。正常情况下，脂肪中的反式脂肪酸含量非常少。
- 反式脂肪酸的形成
  - 长时间高温加热植物油容易产生反式脂肪酸。
  - 氢化植物油制作的过程中，植物油如果不完全氢化，会产生反式脂肪酸。
- 反式脂肪酸的"别名"
  - 氢化植物油、植物奶油、人造黄油、起酥油、代可可脂。

方便面
- 方便面的发明
  - 方便面是为那些赶时间的、条件不允许烹饪的，以及灾区和长途旅行的人准备的。
- 方便面不能多吃
  - 方便面面饼会添加很多抗氧化剂，过量或者长期食用会有害身体健康。
  - 方便面盐分和热量过高，不能满足日常的营养需求，会导致营养不良。

每天都吃的

面
- 面团发起来的原理
  - 面团会蓬松变大，和酵母有关。酵母是一种真菌，属于可以食用的微生物。
  - 在一定温度下，酵母会将面粉中的淀粉转化为糖，又将这些糖转化为酒精，并产生二氧化碳。二氧化碳小气泡让面团变大。二氧化碳遇热会膨胀。
- 酵母
  - 列文虎克发明了显微镜，观察到了酵母。

大米
- 大米的诞生
  - 插秧、施肥、灌排水、收成、碾米。
- 大米的营养
  - 大米中含有 75% 左右的碳水化合物，7% ~ 8% 的蛋白质，1.5% 左右的脂肪。

水
- 水是生命之源
  - 流动的血液中含有大量水，眼泪和唾液的主要成分是水。
  - 身体里的水能够减少外部冲击带来的伤害，水还有调节体温的作用。
- 要喝多少水
  - 6 岁前的孩子，每天要喝 600 ~ 800 毫升的水。
  - 6 ~ 10 岁的孩子，每天要喝 800 ~ 1000 毫升的水。

思维导图

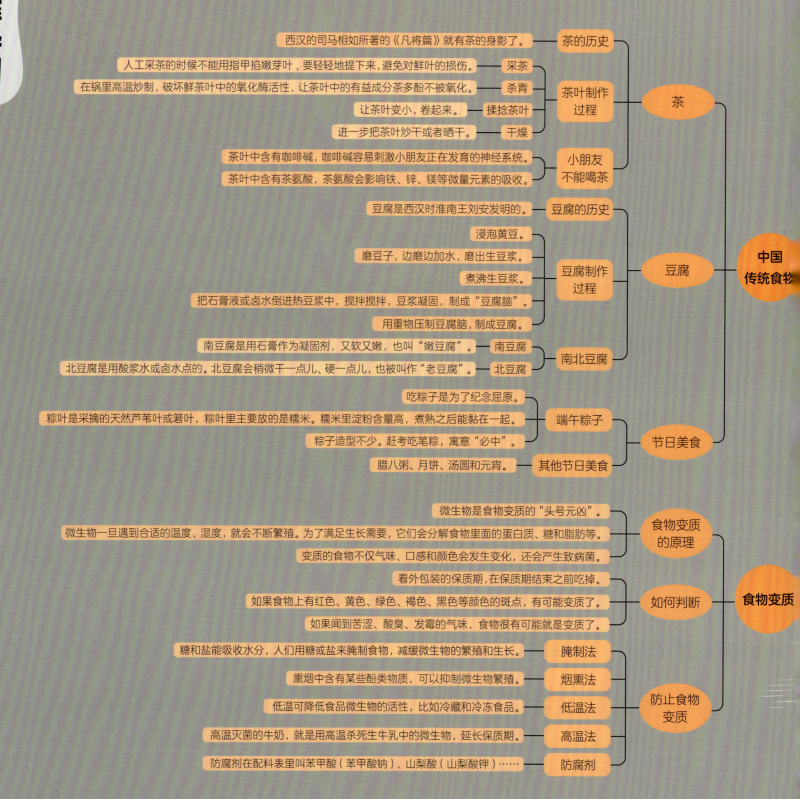

西汉的司马相如所著的《凡将篇》就有茶的身影了。 ─ 茶的历史

人工采茶的时候不能用指甲掐嫩芽叶，要轻轻地提下来，避免对鲜叶的损伤。 ─ 采茶

在锅里高温炒制，破坏鲜茶叶中的氧化酶活性，让茶叶中的有益成分茶多酚不被氧化。 ─ 杀青　茶叶制作过程

让茶叶变小，卷起来。 ─ 揉捻茶叶

进一步把茶叶炒干或者晒干。 ─ 干燥

茶叶中含有咖啡碱，咖啡碱容易刺激小朋友正在发育的神经系统。

茶叶中含有茶氨酸，茶氨酸会影响铁、锌、镁等微量元素的吸收。 ─ 小朋友不能喝茶

茶

豆腐是西汉时淮南王刘安发明的。 ─ 豆腐的历史

浸泡黄豆。

磨豆子，边磨边加水，磨出生豆浆。

煮沸生豆浆。 ─ 豆腐制作过程

把石膏液或卤水倒进热豆浆中，搅拌搅拌，豆浆凝固，制成"豆腐脑"。

用重物压制豆腐脑，制成豆腐。

南豆腐是用石膏作为凝固剂，又软又嫩，也叫"嫩豆腐"。 ─ 南豆腐

北豆腐是用酸浆水或卤水点的。北豆腐会稍微干一点儿、硬一点儿，也被叫作"老豆腐"。 ─ 北豆腐　南北豆腐

豆腐

吃粽子是为了纪念屈原。

粽叶是采摘的天然芦苇叶或箬叶，粽叶里主要放的是糯米。糯米里淀粉含量高，煮熟之后能黏在一起。 ─ 端午粽子

粽子造型不少。赶考吃笔粽，寓意"必中"。

腊八粥、月饼、汤圆和元宵。 ─ 其他节日美食　节日美食

中国传统食物

微生物是食物变质的"头号元凶"。

微生物一旦遇到合适的温度、湿度，就会不断繁殖。为了满足生长需要，它们会分解食物里面的蛋白质、糖和脂肪等。 ─ 食物变质的原理

变质的食物不仅气味、口感和颜色会发生变化，还会产生致病菌。

看外包装的保质期，在保质期结束之前吃掉。

如果食物上有红色、黄色、绿色、褐色、黑色等颜色的斑点，有可能变质了。 ─ 如何判断

如果闻到苦涩、酸臭、发霉的气味，食物很有可能就是变质了。

糖和盐能吸收水分，人们用糖或盐来腌制食物，减缓微生物的繁殖和生长。 ─ 腌制法

熏烟中含有某些酚类物质，可以抑制微生物繁殖。 ─ 烟熏法

低温可降低食品微生物的活性，比如冷藏和冷冻食品。 ─ 低温法　防止食物变质

高温灭菌的牛奶，就是用高温杀死生牛乳中的微生物，延长保质期。 ─ 高温法

防腐剂在配料表里叫苯甲酸（苯甲酸钠）、山梨酸（山梨酸钾）…… ─ 防腐剂

食物变质

食❷

营养
├─ 七大营养
│   ├─ 水 ── 不要用喝饮料代替喝水。
│   ├─ 碳水化合物 ── 面条、包子等主食中含有丰富的碳水化合物。
│   ├─ 蛋白质 ── 牛奶、鸡蛋、各种鱼肉海鲜中都含有丰富的蛋白质。
│   ├─ 维生素 ── 蔬菜水果中含有丰富的维生素。
│   ├─ 脂肪 ── 脂肪可以为人体储存、提供能量，但不要摄入过量。
│   ├─ 矿物质 ── 各种食物里都含有矿物质。比如镁、钠、钾、钙、磷等。
│   └─ 膳食纤维 ── 膳食纤维是一种多糖，它既不能被胃肠道消化吸收，也不能产生能量，但能促进胃肠道蠕动。
└─ 糖
    ├─ 食物中的糖 ── 糖是一种广泛存在于自然界的化合物，是维持生命活动的主要来源。
    ├─ 糖的种类
    │   ├─ 葡萄糖 ── 葡萄糖容易被吸收进入血液中，注射进入人体，能快速补充能量。
    │   ├─ 蔗糖 ── 白砂糖、冰糖、棉花糖、棒棒糖……平时吃的糖果里一般含有蔗糖。
    │   └─ 果糖 ── 水果和蜂蜜里含有果糖，果糖能和葡萄糖结合生成蔗糖。
    └─ 摄入糖
        ├─ 吃完糖不及时清理口腔，口腔细菌会代谢葡萄糖产生酸，导致蛀牙。
        ├─ 摄入过多的糖，身体无法充分消耗代谢，会转化成脂肪储藏起来。
        ├─ 糖类提供给身体的大多是热量，其他营养成分很少，只吃糖容易导致营养不良。
        └─ 正常吃饭，身体是不会缺糖的。

调味
├─ 蜂蜜
│   ├─ 蜜蜂采蜜
│   │   ├─ "侦察蜂"去寻找花蜜，跳舞告诉"采集蜂"蜜源的方向和距离。
│   │   └─ "采集蜂"用口器吸取花蜜，然后把采到的花蜜储存在自己的蜜囊当中，运送回蜂巢。
│   └─ 酿蜜、收集蜂蜜
│   ├─ "采集蜂"把花蜜交给"内勤蜂"，"内勤蜂"把唾液腺分泌的转化酶与花蜜混合，酿成蜂蜜。
│   └─ 养蜂人取出蜂箱中的蜂架，割掉蜂胶。把蜂架放进摇桶中，快速转动摇桶，甩出蜂蜜。
└─ 盐
    ├─ 古法制盐 ── 纳潮、制卤、结晶、收盐、整滩。
    ├─ 海水为什么有盐 ── 岩石和土壤中的盐分一次次被海水冲刷，日积月累，海水中的含盐量不断升高。
    └─ 摄入盐 ── 3~6 岁的儿童每天食盐摄入量在 2~3 克之间，成年人每天食盐摄入量不超过 5 克。

另类食物
├─ 辣椒
│   ├─ 辣椒素
│   │   ├─ 辣椒素是一种活性成分，有刺激性，会让人产生像火烧一样的感觉。
│   │   ├─ 辣椒素只有在口中才能产生令人愉悦的感觉。如果身体其他部位碰到辣椒素，只会感觉到痛苦，尤其是眼睛。
│   │   └─ 辣椒素容易溶于油脂，不易溶于水。
│   └─ 辣椒趣味小知识
│   ├─ 辣椒为避免被哺乳动物吃掉，进化出辣椒素来保护自己。但鸟类身体中没有辣椒素受体，感受不到辣味，它们把辣椒种子传播了出去。
│   └─ 辣椒辣度等级: 史高维尔指标。
└─ 太空蔬菜
    ├─ 种子基因突变 ── 蔬菜的种子在太空，失重、缺氧、宇宙射线等特殊环境会让种子的内部结构发生突变。
    └─ 培育太空蔬菜 ── 虽然太空蔬菜在营养、口感上有优势，但培育太空蔬菜很难，成功率很低。

图书在版编目（C I P）数据

藏在衣食住行里的科学 . 2, 食 / 歪歪兔童书馆编绘
. -- 北京：海豚出版社 , 2023.4
  ISBN 978-7-5110-6316-8

Ⅰ . ①藏… Ⅱ . ①歪… Ⅲ . ①科学知识 - 儿童读物
Ⅳ . ① Z228.1

中国国家版本馆 CIP 数据核字 (2023) 第 035777 号

藏在衣食住行里的科学 2
食
歪歪兔童书馆　编绘

出 版 人：王　磊
总 策 划：宗　匠
监　　制：刘　舒
执行策划：熊丽霞　李　冉
撰　　文：瓦　猫
绘　　画：索俏俏
装帧设计：玄元武　侯立新
责任编辑：杨文建　张国良
责任印制：于浩杰　蔡　丽
法律顾问：中咨律师事务所　殷斌律师

出　　版：海豚出版社
地　　址：北京市西城区百万庄大街 24 号　　邮　编：100037
电　　话：(010) 85164780（销售）　(010) 68996147（总编室）
传　　真：(010) 68996147
印　　刷：北京博海升彩色印刷有限公司
开　　本：12 开（787 毫米 × 1092 毫米）
印　　张：18.67
字　　数：230 千
印　　数：10000
版　　次：2023 年 4 月第 1 版
印　　次：2023 年 4 月第 1 次印刷
标准书号：ISBN 978-7-5110-6316-8
定　　价：128.00 元（全 4 册）

买书更划算　　当当童书馆　　了解更多书　　海豚出版社
天猫扫一扫　　微信扫一扫　　抖音扫一扫　　微信扫一扫